This edition published by Parragon Books Ltd in 2018
and distributed by:

Parragon Books Ltd
Parragon Inc.
440 Park Avenue South, 13th Floor
New York, NY 10016, USA
www.parragon.com

Traducción: Anabel Martín Encinas para Delivering iBooks & Design
Redacción y maquetación: Delivering iBooks & Design, Barcelona

ISBN 978-1-5270-1183-0

Impreso en China/Printed in China

nickelodeon

PAW PATROL

AVENTURAS DE LOS CACHORROS

Tres cuentos muy emocionantes...

Los cachorros rescatan a un poni

Los cachorros salvan al Viejo Bonachón

Los cachorros y la gran nevada

Parragon

Bath • New York • Cologne • Melbourne • Delhi
Hong Kong • Shenzhen • Singapore

Los cachorros rescatan a un poni

Ryder y los cachorros están en el PAW Patroller con Perrobot. Están muy emocionados porque van de acampada al rancho de Julius y Julia.

¡Marshall incluso ha llenado una maleta con malvaviscos!

El PAW Patroller llega al rancho.

—¡Bienvenidos, cachorros! —saludan Julius y Julia, y luego les presentan a Priscila, el poni.

—Es un poco asustadiza —avisa Julius.

Ryder y los cachorros empiezan a montar el campamento.

—Sabía que mi catapulta iba a ser práctica —dice Rocky. Y va lanzando las tiendas de los Paw Patrol una a una, que se abren formando un campamento perfecto.

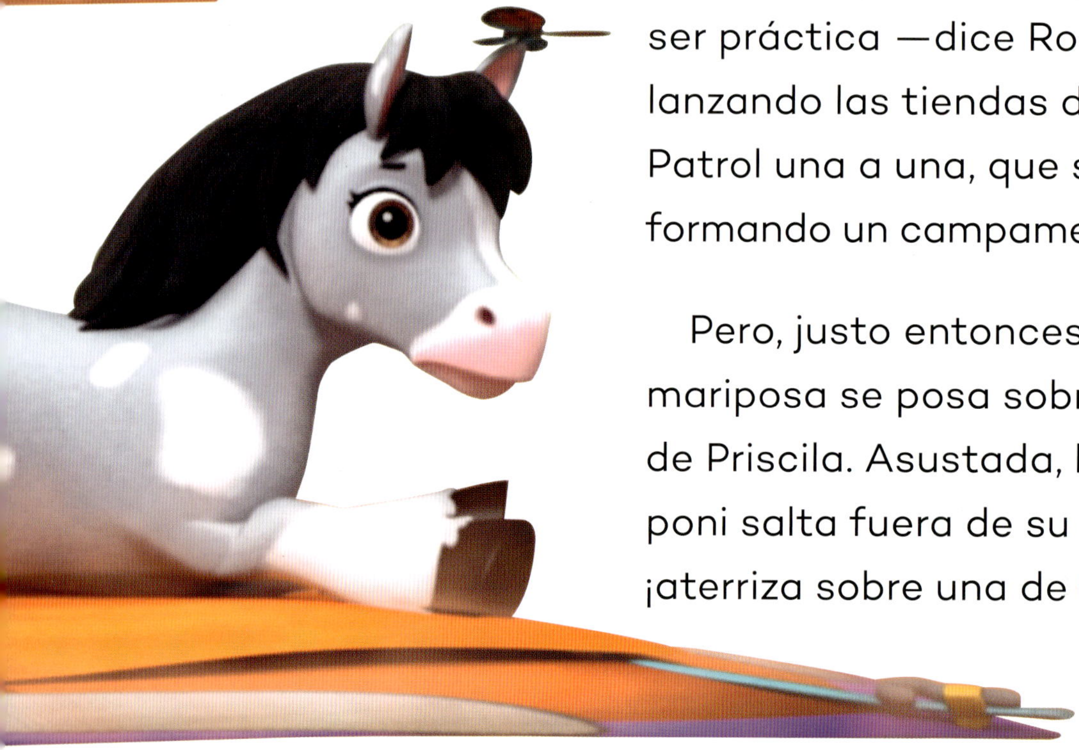

Pero, justo entonces, una mariposa se posa sobre la cabeza de Priscila. Asustada, la pequeña poni salta fuera de su establo y ¡aterriza sobre una de las tiendas!

Al caer la noche, Ryder los reúne a todos alrededor de la hoguera para contar historias de miedo.

Aquella noche, un poco más tarde, Priscila oye un ruido escalofriante. No sabe que solo son Julius y Julia bromeando, ¡y sale despavorida del establo, galopando hacia el desierto!

Por la mañana, Julia y Julius no encuentran a Priscila.

—¡Hemos buscado por todos lados! —le dicen a Ryder.

—¡Oh, no! Tenemos que encontrarla lo antes posible —responde Ryder—. ¡No hay trabajo difícil para un PAW Patrol!

Ryder llama a los cachorros para que acudan al PAW Patroller.

—¡Los PAW Patrol estamos listos para entrar en acción, Jefe Ryder! —ladra Chase.

Ryder comunica a los cachorros la mala noticia: Priscila se ha perdido.

—Es demasiado peligroso que Priscila esté sola sin agua ni comida —explica Ryder—. Vamos a empezar buscando sus huellas.

Ryder necesita la nariz de Chase para encontrar el rastro de Priscila y su camión para llegar allí rápido. También necesita a Skye para buscarla desde el aire.

¡PAW Patrol en acción!

Ryder y Chase siguen a Skye, que planea sobre el desierto siguiendo las huellas de Priscila. Pero, de repente, las huellas desaparecen. El viento las ha borrado.

—Chase, ahora te toca a ti y a tu olfato —le dice Ryder.

Chase utiliza su fino olfato para encontrar el rastro de Priscila.

—Ryder, aquí huele a poni —dice Chase—. Estoy seguro de que Priscila ha pasado por aquí.

Chase los conduce en dirección al desierto.

Skye descubre más huellas, que llegan hasta el borde de un precipicio.

—¡Ryder, la encontré! ¡Se cayó por un barranco! —exclama Skye, y luego desciende y aterriza junto a Priscila.

—Vamos en camino —le contesta Ryder.

Cuando Ryder y Chase llegan al lugar del accidente, Priscila está intentando salir del barranco. Pero este está demasiado empinado para ella. !Y Priscila es demasiado grande para el arnés de Skye!

Ryder toma su comunicador y llama a Rubble:

—¡Rubble, te necesitamos!

—Rubble a toda velocidad! —responde ladrando.

Rubble se aleja para ayudar en el rescate de Priscila. Perrobot le sigue en el PAW Patroller.

—Gracias por apresurarte, Rubble —dice Ryder—. El barranco es demasiado empinado para que Priscila pueda trepar por él, así que necesito que caves una escalera.

—¡Lo haré, escalón a escalón! —contesta Rubble.

Rubble ladra para activar su pala. Con ella excava la tierra para hacer el primer escalón.

—Buen trabajo, Rubble —le agradece Ryder.

—¡Gracias! Me encanta excavar —responde Rubble.

Rubble cava una escalera perfecta con rapidez, pero Priscila no sabe subir escaleras.

Ryder tiene una idea:

—Chase, necesitamos tu tirolesa —le dice.

—¡Por supuesto, Jefe Ryder! —responde Chase.

Ryder se tira por la tirolesa.

—¡Esta es la parte divertida! —exclama Ryder—. ¡YIIIIJA!

Y aterriza suavemente sobre el lomo de Priscila.

—Bien hecho, Priscila —dice Ryder.

Ryder guía a Priscila para que suba por la escalera y salga del barranco.

—¡Buen poni! —dice Ryder.

Una vez rescatada Priscila, Perrobot lleva a todo el mundo de vuelta al rancho en el PAW Patroller.

Pero, de pronto, una mariposa entra en el PAW Patroller revoloteando y distrae a Perrobot, que empieza a tocar los botones equivocados. Las ruedas del PAW Patroller patinan en la arena del desierto y el vehículo se desliza hasta el borde del barranco.

—¡Oh, no! El PAW Patroller está atascado —se lamenta Ryder.

Los cachorros intentan tirar de él con la grúa de Chase, pero el PAW Patroller no se mueve.

—Parece que vamos a necesitar unas cuantas patas más —dice Ryder.

El resto de los cachorros corren en su ayuda, pero ni aun así consiguen mover el PAW Patroller.

—No tenemos bastantes caballos de potencia —dice Chase.

Pero reflexiona unos instantes y añade:

—¿Quién necesita caballos de potencia cuando tenemos la potencia de un poni?

Zuma lanza a Priscila su salvavidas y ella ayuda a poner el PAW Patroller a salvo.

Aquella noche, todos están contentos de estar de vuelta en el campamento.

—¡Uf! ¡Menuda aventura! —exclama Julia—. ¡Gracias, Ryder!

—¡Gracias, Priscila! Ella salvó el día —responde Ryder—. ¡Cuando nos necesiten, solo aúllen por ayuda!

Los cachorros salvan al Viejo Bonachón

Hoy, Jake y Everest están en la montaña de Jake mostrando los alrededores a una familia de visitantes. La siguiente parada de su recorrido es el Viejo Bonachón.

—El Viejo Bonachón es un géiser —explica Jake—. El agua se acumula debajo de la tierra y entonces *¡FUUUSH!,* sale disparada en un enorme chorro.

Y eso es lo que hace cualquier géiser, ¡disparar agua con un bramido y un temblor!

De pronto, oyen un fuerte estruendo ¡y el suelo empieza a temblar!

—No es un géiser —dice Everest—. ¡Es un desprendimiento de rocas!

Las rocas se deslizan por la montaña y todo el mundo corre para ponerse a salvo bajo un risco.

El desprendimiento ha terminado, pero las rocas caídas bloquean el camino bajo el risco.

—¡Vamos a necesitar ayuda! —dice Jake. Empieza a buscar su teléfono, pero lo ha perdido bajo las piedras. ¡Y también el comunicador de Everest!

—No se preocupen, amigos —dice Jake—. Everest irá en busca de ayuda.

Everest lanza su garfio de escalada y comienza a trepar por las rocas.

—¡Increíble! Miren cómo escala —dice el padre.

Everest llega hasta el otro lado de las rocas y emprende el camino en busca de ayuda.

Everest llega a su caseta y esta se transforma en un quitanieves.

—¡Fuera de la pista, Everest es una artista!

Everest se aleja en busca del resto de los PAW Patrol.

Mientras tanto, la Alcaldesa Goodway y Gallileta están disfrutando de un helado. Pero, de repente, un chorro de agua las lanza por el aire ¡y aterrizan en el tejado del Ayuntamiento!

—Desde aquí las vistas son magníficas —dice la Alcaldesa Goodway—, ¡pero esto es un magnífico desastre!

Así que llama a Ryder para pedirle ayuda.

—Hola, Alcaldesa Goodway —la saluda Ryder—. ¿Está bien?

—¡Sí, Ryder! Y Gallileta también, gracias —contesta la alcaldesa—. Pero un misterioso chorro de agua nos ha lanzado hasta el tejado del Ayuntamiento. ¡Estos chorros de agua están por toda la ciudad!

—Iremos enseguida —responde Ryder—. ¡No hay trabajo difícil para un PAW Patrol!

Ryder pide a los PAW Patrol que acudan al Cuartel. Cuando llegan se ponen en fila, listos para entrar en acción.

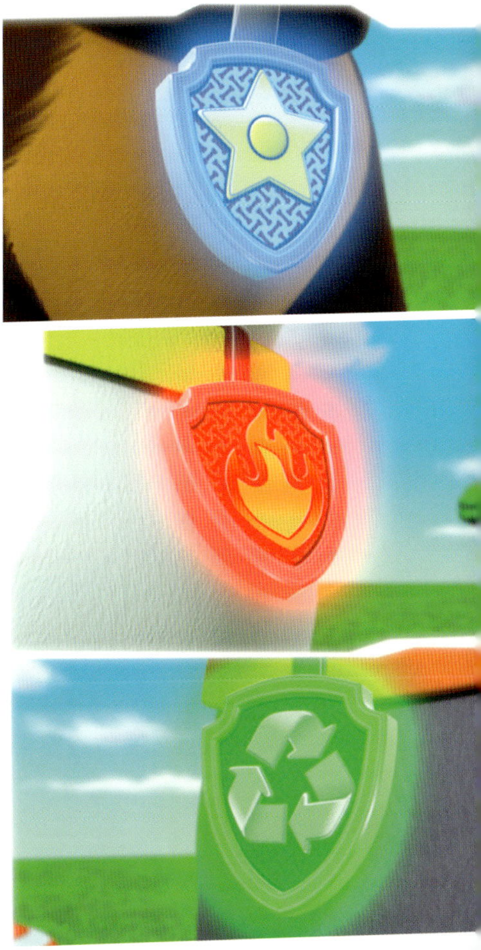

Ryder explica que la Alcaldesa Goodway se ha quedado atrapada en el tejado del Ayuntamiento porque unos extraños chorros de agua han empezado a salir por toda la ciudad.

—Primero vamos a ayudar a la alcaldesa y luego buscaremos lo que está causando estos chorros de agua —anuncia Ryder.

—Skye, necesito que rescates a la alcaldesa con tu arnés —le dice Ryder. Y añade:

—Rubble, necesito que alces el banco del tejado.

—¡Rubble a toda velocidad! —ladra el cachorro constructor como respuesta.

—¡PAW Patrol entra en acción! —exclama Ryder.

Skye, Rubble y Ryder llegan al Ayuntamiento.

Skye hace descender su arnés hasta la Alcaldesa Goodway y Gallileta. La Alcaldesa Goodway, muy valiente, atrapa el arnés aunque está asustada.

—Podemos hacerlo, podemos hacerlo —dice.

—¡Sí, lo lograste! —exclama Skye, llevándolas hasta un lugar seguro.

A continuación, Rubble extiende su grúa y baja el banco hasta el suelo con mucho cuidado.

En ese momento, Everest llega al Ayuntamiento. Le dice a Ryder que Jake y la familia de visitantes están atrapados en la montaña de Jake.

—Tenemos que ir a ayudar a Jake —les dice Ryder a Rubble y a Skye—. Y luego buscaremos lo que está causando esos chorros de agua.

Ryder y los cachorros llegan a la montaña de Jake. Las piedras caídas hacen que todo se vea tan diferente, ¡que Everest no puede recordar dónde quedó atrapada la familia!

—Necesitamos vigilancia aérea —dice Ryder.

—Entendido, Ryder —responde Skye.

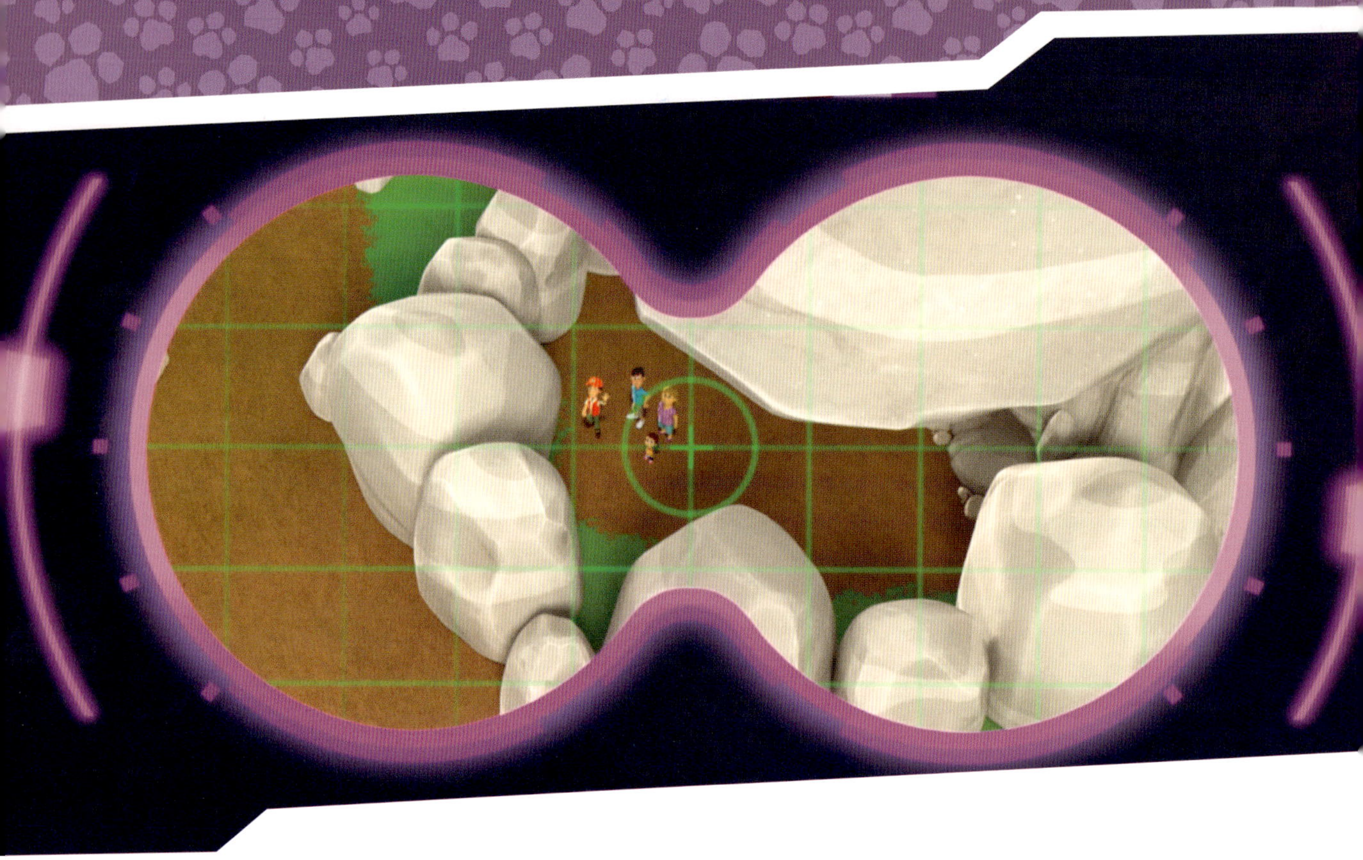

Skye se eleva por los aires y usa sus gafas para encontrar a Jake y a la familia. Ryder, Rubble y Everest corren en su ayuda.

—Rubble, ¡quitemos de en medio esa roca! —le indica Ryder.

—¡Es hora de usar la pala! —responde Rubble.

El cachorro utiliza su pala gigante para mover una pesada roca, ¡y por fin Jake y la familia están libres!

—¡Gracias! Era un sitio muy angosto —declara Jake.

¡BRUUUM BRUUUM! El suelo vuelve a temblar, pero esta vez suena como si fuera el Viejo Bonachón.

—Algo no anda bien —dice Jake, preocupado.

Todos corren hacia el Viejo Bonachón y descubren que una roca gigante ha bloqueado la corriente de agua.

—Por eso estaba saliendo agua por todas partes —explica Ryder—. Como el Viejo Bonachón estaba obstruido, el agua tenía que salir por otros sitios.

Rubble y Everest trabajan en equipo para mover la roca que obstruye al pobre Viejo Bonachón.

Pero la roca no se mueve.

—Si trabajamos juntos, cuando el géiser entre en erupción nos dará un buen impulso —dice Ryder.

Todo el mundo se pone en fila detrás de Everest y Rubble, y esperan a que el Viejo Bonachón vuelva a bramar.

De pronto, se oye discurrir agua de forma agitada por debajo de la roca.

—¡Ahora! —exclama Ryder—. ¡EMPUJEN!

Todos empujan con todas sus fuerzas una última vez y *¡POP!*, la roca sale volando por los aires.

—Los cachorros han salvado al Viejo Bonachón —dice la niña—. ¡Gracias, PAW Patrol!

—¡Fue un placer! —exclaman los cachorros—. ¡Los PAW Patrol están para ayudar!

Los cachorros y la gran nevada

—¡Impresionante! Parece que Bahía Aventura se congeló anoche —dice Rocky, mientras corre afuera para jugar con Chase y Rubble.

—¡Guuooaaaa! —gritan los cachorros, patinando sobre el suelo helado hasta...

... ¡caer sobre una enorme pila de nieve!

—¡Vaya nevada que cayó anoche! —se ríe Chase, mirando sus nuevos sombreros de nieve.

Al otro lado, cerca del puente, la Alcaldesa Goodway y Gallileta también patinan sobre el hielo.

—¡Oh, no! —grita la Alcaldesa Goodway, cuando su auto se desliza a través de la carretera y choca contra un enorme banco de nieve.

—¡Estoy atrapada! —exclama la alcaldesa, intentando dar marcha atrás—. Tengo que llamar a los PAW Patrol.

—Ryder —dice la Alcaldesa Goodway por teléfono—, las calles están cubiertas de hielo y mi auto patinó y se empotró en un banco de nieve. ¡No puedo salir!

—Nosotros la ayudaremos, Alcaldesa Goodway —responde Ryder—. Vamos en camino.

Rápidamente, Ryder activa la alarma en el comunicador y dice:

—¡Cachorros, llamada de alerta!

—¡PAW Patrol, listos para la acción! —exclama Chase cuando llegan todos los cachorros.

—Gracias, cachorros —dice Ryder—. Hoy Bahía Aventura está muy resbaladiza. La Alcaldesa Goodway se halla atrapada en un banco de nieve y necesita nuestra ayuda.

Ryder pide a Chase que traiga su grúa, y luego indica a Rubble que despeje la carretera.

—¡Rubble a toda velocidad! —exclama el cachorro, tomando el mando y abriendo camino por la nieve con su excavadora.

—¡Buen trabajo, Rubble! —dice Ryder, al llegar donde se encuentra la Alcaldesa Goodway—. ¡Es hora de usar la grúa!

—¡Chase se hará cargo! —responde el cachorro policía.

Ryder ata la grúa al auto de la Alcaldesa Goodway y Chase arranca el motor de su camión de policía.

La grúa saca el auto de la nieve.

—Bien hecho, Chase —dice Ryder—. Ya está, Alcaldesa Goodway.

—Gracias por rescatarme —contesta la alcaldesa.

En ese momento, suena el comunicador de Ryder. Es el conductor del tren.

—Hay ramas bloqueando el cruce —explica—. ¡Y los frenos del tren no funcionarán en los raíles helados!

—Nosotros nos encargamos —dice Ryder.

—Conozco a un cachorro que nos tenderá una pata —dice Ryder, y llama a Everest, la cachorro Husky.

—Hola, Ryder. ¿Cómo puedo ayudar? —pregunta Everest.

—El cruce del tren está bloqueado y tenemos que despejar los raíles —dice Ryder—. ¡Ven rápido!

—¡Hielo o nieve, nada me detiene! —exclama Everest, dando un salto hasta su quitanieves.

Everest toma la carretera de la montaña y va hasta el cruce del tren.

—El conductor del tren no puede detenerlo —explica Ryder cuando llega Chase—. Y si choca contra las ramas caídas, el tren se saldrá de la vía. Tenemos que trabajar rápido.

Chase y Ryder entran en acción y usan la grúa para quitar las ramas de la vía.

—¡Gancho de grúa! —ladra el cachorro Chase.

Después, Everest usa el brazo de su quitanieves para alzar un enorme tronco de árbol y lo retira de la vía del tren.

—Buen trabajo, Everest —la felicita Ryder—. Ahí llega el tren. ¡Apresúrate, Rubble!

Rubble empuja su pala a lo largo de los raíles, retirando el hielo y la nieve lo más deprisa que puede.

Cuando el tren se acerca a la estación, Ryder le dice a Rubble que se aparte a un lado.

El conductor del tren frena y consigue parar en la estación. *¡ONC! ¡ONC!*

—¡Yujuuu! Los frenos han funcionado —dice el conductor del tren—. ¡Gracias, Rubble!

—No hay de qué —contesta el cachorro.

—¡Lo logramos! —exclama Ryder, volviendo al puente para encontrarse con todos los cachorros—. Esto hay que celebrarlo. ¿Quién quiere patinar?

—¡Yo nací para patinar sobre hielo! —dice Everest, y ella y el resto de los cachorros corren a jugar.

—¡Esto te ayudará a deslizarte, Everest! ¡Cañón de agua! —exclama Marshall, lanzando un chorro de agua que se congela al instante formando un arco en el aire.

—¡Un tobogán de hielo! —dice Everest, trepando por él hasta arriba. Y se lanza por el tobogán tan rápido que choca contra Zuma y Skye al llegar abajo—. *¡Guuooaaaa!*

Uno a uno, los cachorros salen volando por el tobogán y... ¡aterrizan en una pila de nieve!

—¡Ja, ja, ja! —ríen todos, mirando sus ridículos sombreros de nieve.

—¡Sois unos cachorros estupendos! —los felicita Ryder.